HÄPPCHENWEISE HOFFNUNG

Gedichte und Lyrik für 2020

Die Poetin aus der Stille

© 2021 Die Poetin aus der Stille
www.ausderstille.de

Autor: Die Poetin aus der Stille
Umschlaggestaltung: Die Poetin aus der Stille
Korrektorat: Die Poetin aus der Stille
Verlag & Druck: tredition GmbH, Halenreie 40-44, 22359 Hamburg

ISBN 978-3-347-30900-5 (Paperback)
ISBN 978-3-347-30901-2 (Hardcover)
ISBN 978-3-347-30902-9 (e-Book)

Bibliografische Information der Deutschen Nationalbibliothek:
Die Deutsche Nationalbibliothek verzeichnet diese Publikation in der Deutschen Nationalbibliografie; detaillierte bibliografische Daten sind im Internet über http://dnb.d- nb.de abrufbar.

Für mich und für dich.

Die Schwäche,
die du in dir spürst,
ist der Samen einer tiefen
und weisen Stärke.

Nimm sie zu dir.
Lass sie sinken.
In dich hinein.

Warte.

Atme.

Halte dich.
Bleibe bei dir.

Dann nähre,
was dort leise und sanft
zu keimen beginnt.

In Demut und
Hingabe.

Gibst du dem Tag die Möglichkeit
der schönste deines Lebens zu werden?

Auch wenn ...
Welche Gründe auch immer du erfinden
könntest, die das verhindern würden.

Oder möchtest du dir einmal mehr beweisen,
dass du Recht hast? Dass du Recht hast, damit,
dass dieser Tag niemals der schönste deines
Lebens sein kann, weil es gute Gründe gibt,
die das verhindern.

Was, wenn der Tag trotzdem alle Chancen der
Welt hat, genau das zu werden?

Der schönste Tag deines Lebens.

Hör auf, dir ständig das Gegenteil zu
beweisen. Das ist doch frustrierend.

Oder etwa nicht?

Zweifellos.
Lass die Zweifel los.
In dir drin und um dich herum.
Sieh dich um.

Erkenne.
Warte einen Augenblick. Atme.
Sieh nochmal hin.
Erkenne.

Lass die Zweifel los.
Zweifellos.

Jeder Moment hat alles zu bieten.
Alles, was du glaubst zu brauchen.
Denn was brauchst du wirklich?

Atme.
Lass los.
Echt jetzt.

Jeder Moment bietet dir alles. Alles.
Jeder Moment ist.
Zweifellos.

Manchmal vergisst du vielleicht.

Du vergisst, was du wolltest,
wenn du von der Küche ins Wohnzimmer gehst.
Du vergisst, was du kaufen solltest,
wenn du vor bunten Regalen stehst.

Und dann kommt es vor,
dass du vergisst, warum du hier bist.

Den Grund, warum du hierher kamst.
Auf die Erde. Als Mensch.

Du suchst und suchst nach dem Sinn.

Ohne Zettel, ohne Notiz ist kein Licht in Sicht.

Du kaufst einfach alles, sortierst es nicht.

Du wanderst umher,
es fällt dir noch schwer, es zu nehmen, wie es ist.
Es scheint, als wärst du hier, damit du hier bist.

**Der Sinn des Seins
könnte das Sein
sein.**

Wie erleichternd.

Der Morgen ...
ist wie ein Versprechen.

Nach jeder noch so langen oder dunklen Nacht ist er zurück.
Wieder da. Ganz frisch und neu und klar.
Ein Versprechen an die Hoffnung.

Er ist wie ein Versprechen an den Teil in dir, der einfach
immer weiter macht. Der Teil, der sich nicht lähmen lässt.

Der Teil, der von der Null zur Eins
arbeitet und wieder zurück.

Tag für Tag. Schlag um Schlag.
Zug um Zug. Unaufhaltsam.

Herz. Atem.

Um dir zu zeigen,
dass Lähmung eine Illusion ist.

So lange du lebst bist du lebendig. So lange du lebst,
bist du wach. Wach, wie der Morgen.

Du ... bist ein Versprechen.

Ein Versprechen an den Morgen.
An dein Herz. An deinen Atem,
den großen Geist in dir.

Enttäusche dich nicht.

Entspannung ist in dir zu finden.
Dafür brauchst du nichts.

Wenn du ehrlich bist, treibt dich jedes Buch, jeder Film,
jeder Interaktion emotional an. Rüttelt dich auf.

Zieht deine Muskulatur zusammen.

Vieles, was du als entspannend betrachtest,
bewirkt mit hoher Wahrscheinlichkeit das Gegenteil.

Entspannung ist in dir zu finden.
Wenn du so willst, in der Interaktion mit dir selbst.
Im Lesen deines Körpers. Im Beobachten deiner Gedanken.

Um mit einem erstaunten Aha! festzustellen,
dass da genug Kino läuft.

Um dann einfach deinem Atem zu folgen.

Dafür brauchst du nichts.

Es ist Zeit
dich um dich selbst zu kümmern.
Zeit, bei dir anzukommen.

Es ist Zeit, in dich zu sinken.

Nicht mehr die Zeit, im Außen
zu ertrinken.

Es ist Zeit, für dich zu sorgen.
Du gestaltest jetzt die Zeit
deines morgen.

Tue heute etwas für dich.
Sei innig, freundlich, geduldig mit dir.

Du allein öffnest die Tür
deines Herzens.

Verletzlich.

Wenn ich mir selbst helfen könnte, dann würde
ich mir über die Wange streichen, mich in den Arm
nehmen.

Ich würde mich halten, mein Herz mit dem meinen
verschmelzen lassen. Ich würde mich halten.

Ich würde mich halten, so lange bis die Welle der
Traurigkeit mich fertig durchgeschüttelt hat und ich fertig
bin mit weinen.

Ich würde mich halten, so lange bis ich alles losgelassen
habe, was ich bereit bin gehen zu lassen. Bis es wieder
leichter ist in mir.

Das Herz leicht. Der Bauch leer.
Die Gedanken aufgeräumt.

Ich dürfte verletzlich sein.
Ich darf sein.

Lass Glück durch dich strömen.
Einfach so.

Lass Glückseligkeit deine Zellen fluten.
Lass sie tief hinein, in jede einzelne, in jede noch so
kleine Faser deiner DNA.

Lass Freude in dein Herz.
Ohne bestimmten Grund.

Spürst du das Lächeln, das zart über dein Gesicht streift?
Sich langsam ausbreitet von einem Ohr zum anderen?
Wie das Glitzern in deinen Augen zurück kommt?

Spürst du die Wärme in deinem Bauch? Das Kribbeln in
deinem Becken? Das Pochen in deinem Brustkorb?

Nein?

Dann mach es nochmal. Von vorne.

Schööön ... oder?
Einfach so.

Ein hitziges Gemüt schreit nach Bewegung.
Gib die Lähmung auf.

Selbst wenn du glaubst, du kannst nicht raus,
dann - stell dir vor - du musst nicht! Ist das nicht cool?
Du gehst einfach in dir selbst spazieren.

Du erforschst jeden Winkel deines bewussten Seins.
Durchwanderst deinen inneren Körper. Lässt dich von
jedem einzelnen Organ unterhalten. Und dann machst du
dich auf in noch unerschlossenes Gebiet. Das, was bisher
unbewusst war.

Du bist der Indiana Jones deiner Träume. Mit kühlem
Kopf und klarem Verstand, verschwitzt, wagst du dich in
gefährliche Tiefen hinab.

Bis der geheimnisvolle Schatz geborgen ist.

Wow! Was für eine Reise!

Zeit für eine Pause.

Bis zum nächsten Abenteuer.

Vergiss nicht, dich um dich selbst zu
kümmern.

Du bist in dir selbst zu Hause.
Komm immer wieder dort an. Egal, wo du
gerade bist oder was du tust. Was du auch
liest, hörst, denkst, isst oder anders in dir
aufnimmst, vergiss all das für einen Moment.

Lass es fallen, so wie du etwa einen Stein
fallen lassen würdest.

Erinnere dich an das, was du wirklich bist.

Komm zurück zu dir.
Komm nach Hause.
Es ist Zeit.

Wenn du heute keinen Moment findest, keinen Moment
für dich alleine, keinen Moment zum Durchatmen, dann
erinnere dich.

Erinnere dich an den Ort in dir, der Stille ist.

Der Ort, der unberührt ist von allem,
was da vor sich geht.

Der Raum der leer und ohne Information ist.

Erinnere dich an das, was du bist.

Ohne.
Ohne all das.

Erinnere dich für einen Augenblick.
Richte den Moment nach innen.

In dein Innerstes.

Das, was du bist.

Ein Augenblick öffnet die Ewigkeit in dir.

Die Ausdehnung deines Daseins
beschreibt sich ohne Wort.

Es ist wie hinein fließen in das, was da ist.
Wie hinein rollen in das nächste und nächste Spiel. Es ist,
wie hinein fallen in den so viel besagten gegenwärtigen
Moment. Eine Entstrickung deiner Ideen von Leben.

Vielleicht ist es auch, wie sich auflösen im Strom der Zeit.

Wie auch immer du es nennst, es sind nur Bilder. Eins
schöner als das andere. Das nächste inniger als das davor.
Gib ihm die Namen, die dich glücklich stimmen.
Um Himmels Willen.

Und dann spüre nach. Das Lächeln. Die Freude.
Zufriedenes Seufzen.
Wie schön.

Die Ausdehnung deines DaSeins beschreibt sich ohne Wort.

Kann es schöner sein?

Es packt dich.
Du weißt jetzt, was du willst und wohin.
Du hast es entdeckt, den Schatz in dir. Jetzt
gibst du Vollgas. Aber dieses Vollgas ist
nicht Schnelligkeit. Eher hat es Tiefe. Und
Hubraum. Also Masse. Oder wie immer man
das nennt. Es ist irgendwie dicker und viel
schwerer als Gas. Vor allem Vollgas. Aber
nicht schwerfällig.

Es ist kraftvoll. Voller Power. Mit viel Bass.
Fetter Sound von Du. Richtig krass Du. Voll
viel Du. Es hat dich gepackt.

Oder hast du es gepackt?

Völlig egal.
Nimm es ganz!
Koste es vollkommen aus!

Mmmjam ... schnurr ...

In einem sorgenvollen Geist ist wenig Raum für Entwicklung.

Andersherum.

Dort, wo Kreativität erblüht, haben Sorgen keinen Platz.

Cool oder?

Lass deinen Geist erblühen, sich kreativ entfalten. Genährt durch die Vision und die Kraft deiner Gedanken. Wieder und wieder. Dabei ist es völlig egal, ob du dichtest, schreibst, spielst, musizierst, malst, über ein neues Leben sinnierst oder gar bastelst. Daran ist Kreativität nicht geknüpft. Was immer das Sprudeln deiner Zellen auslöst, was immer dich in Schwung bringt, ist richtig.

Zauber dir selbst ein Lächeln ins Gesicht.

So wie **jeder neue Anfang** magisch ist,
so zeigt sich still und zauberhaft die Zeit,
die zwischen allem liegt.

So zart und voller Innigkeit die Blüte,
die verspricht, die so geheimnisvoll
das Neue in sich wiegt.

Bewegt und wunderbar, wie seichter Wind,
so nährend und so schützend ist es doch
ihre Verletzbarkeit die siegt.

Der Zauber hat sich dort versteckt.

Magie wird erst geweckt,
wenn es tief ins Bewusstsein tritt,
dass Offenheit der Schritt ins wahre Leben ist.

Zwischen jedem Herzschlag der Raum,
zwischen jedem Atemzug die Zeit,
Augen zu und wieder auf,
es ist gar nicht weit
zu dir.

Mit einem Wow zur Welt
staunst du dich ganz selbstverständlich
nach Hause.

In all dem Durcheinander findest du das,
was deins ist.

Hör heute auf zu suchen.
Entdecke es.

Es zeigt sich dir auf seine ganz eigene Art und Weise.
Du wirst es erkennen.
Versprochen.

Möglicherweise ist es wesentlich weniger
spektakulär, als du es dir vorgestellt hast.
Möglicherweise ist es leise.

Möglicherweise ist es in grün anstatt in pink
gekleidet. Mögliche Weisen gibt es unendlich.
Hör heute auf zu suchen.

Stattdessen lass dich finden.

Heiße willkommen, was du lange schon bist.
Du wirst finden, was du vielleicht lange vermisst,
dennoch nie wirklich vergessen hattest.

Versprochen.

Dein.

Und wenn du dich hast finden lassen,
von dem du als das deine sprichst,
dann tauche ein und tauch
nicht wieder auf.

Lass dich mit jeder Faser deines Seins
hineinziehen.

Lass jede deiner Zellen sich verbinden
mit dem Duft des Wiedersehens.

Voller Freude.

Sie wäscht dein Blut.
Sie reinigt das Wasser in dir und wärmt.
Sie flutet Geist und Herz und jetzt,
da du dich ihr verschenken willst,
heißt sie dich willkommen.

Vollkommen.

**Tauche ein und tauch
nicht wieder auf.**

Hast du heute das Gefühl,
etwas gelingt dir nicht,
so lass doch ab von deinem Ziel,
verfolg es nicht.

Stattdessen sieh', was bereits ist.
Empfange tief in dir, was du gesät.
Lange bevor du dir bewusst gewesen bist.

Das Erkennen wird dich finden.
Dein müder Geist wird sich befreien.
Die Regung deiner Glieder wird dir
ein Feuerwerk aus Lichtern sein.

Jeder Impuls wird fröhlich hüpfend
den Weg durch totgeglaubtes Land sich bahnen.
Und jenes wird bei zartester Berührung
die große Wandlung jäh erfahren.

Erwacht!
Zurück zur Lebendigkeit
ihr trägen Ströme der Gehirne,
ihr entschlafenen Stränge aller Zellen!

Formt jetzt das Leben neu!
Erwacht!

Pause.

Wie jede Blüte eine Pause braucht,
bevor sie sich entfaltet oder die Raupe schläft,
eh' sie zum Schmetterling sich umgestaltet,
so brauchst auch du so manches Mal
die Zeit, dich zu erholen.

Brauchst Ruhe, Stille, Einsamkeit vielleicht.
Den Raum, der dem zwischen einem Herzschlag gleicht.
Den Absatz zwischen den Zeilen,
im Abstand zwischen den Zeichen verweilen.

Nur für einen Moment.

Denn der könnte sich ewig anfühlen.

So nimmt sich das Herz eine Pause.
Wartet zum nächsten Puls.
Der Atem wird langsam und tief,
hält inne für einen Augenblick
und kehrt dann mit frischer Kraft zurück.

Gereinigt und ruhig.

Der Augenaufschlag bringt das Licht zurück.

Pause.

In Zeiten, in denen du wartest, kann
die Liebe wachsen.

Wenn die Stille sich breit macht, im Wesen
des Tuns, kann sich Neues entfalten.

Jeder kreative Prozess benötigt Pausen.
NullZeiten.

Phasen, in denen der Same zu sprießen
beginnt. Phasen, in denen man den Keim bei
der Entwicklung beobachtet.

Mit leerem Geist. Ohne Erwartung.
Phasen des Staunens. Des sich
überraschen Lassens.

Manchmal sind jene Phasen länger,
manchmal weniger lang. Manchmal spürst
du sie kaum, weil sie nur einen Augenblick
gedauert haben. Manchmal spürst du sie
kaum, weil du dachtest, der Keim sei längst
verdorrt und da täte sich nichts mehr.

Um so überraschter bist du, wenn du ihn
wieder erkennst. Voller Liebe.

Möge die Liebe wachsen.

Als kleines Pflänzchen zeigt sich heut
die zarte Blüte deiner Freud.

Sei höflich, kritisier sie nicht kaputt.

Bläst jetzt der Wind ihr allzu stark,
der Regen trieft durch sie hindurch,
brennt die Sonne heiß herab,
dann kommt's drauf an.

Ob sich das Pflänzchen durch die
Witterungen halten kann?

Zerbricht es oder wird es stark und stärker?

Wird seine Haut mit jedem Zug noch härter,
bleibt doch sein Kern so sanft wie eh und je.
Sein Wesen lässt sich nicht verformen, nie!

Bleib also freundlich, liebevoll,
kritisier sie nicht zu doll,
am besten gar nicht,
denn du tust dir selbst damit mehr weh
als irgendjemand anderem.

Betrachte und bewundere
dein Pflänzchen heut,
denn es entstand
aus deiner Freud.

Wirst du heut von Traurigkeit gespült,
ist sie es, die in deinen Tiefen wühlt.
Welle für Welle treibt sie an Land,
was sich unentdeckt befand.

Halte nicht gegen.
Halte nicht aus.

Gib hin und schwappe mit ihr
über dich hinaus.

Gehst du spazieren durch den Sand
deiner Geschichte.

Hand in Hand.

Halte inne.
Halte ein.

Du wirst bei dir ewig zu Hause sein.

In **Wirklichkeit** ist alles echt.
Und nichts davon ist schlecht
oder weniger gut als das andere.

Manche sagen,
wir befinden uns in einem Traum.
Vielleicht ist es ein Raum
voller Möglichkeiten.

Eine Spielwiese für Schatzentdecker.
Geschenke liegen überall versteckt.

Wurdest du geweckt vom Duft einer lieblichen Melodie?

Das geht nicht, sagst du.
Melodien duften nicht.
Sie klingen.

Ach so, sage ich. Und lächle verschmitzt.
Was immer du glauben willst.

Vielleicht ist alles anders, als es scheint?
Echt und unecht sind vereint
in allem, was ist.

Was du siehst und erkennst,
bleibt dir überlassen.

Glaubst du anderen mehr als dir selbst?
Traust du deiner **Wahrnehmung** oder kopierst du,
was dir vorgesetzt wird?

Wie viel Revolution ist in deinen Handlungen?
Oder kannst du guten Gewissens sagen, dass du dich
konform verhältst?

Bist du in der Lage eigenständig zu entscheiden?
Oder brauchst du die Erlaubnis und die Anerkennung
eines anderen?

Findest du deine in dir keimende Wahrheit zuverlässig
und ohne Zweifel? Oder saugst du auf, was dir
eingetrichtert wird?

Traust du deiner Auffassungsgabe?
Oder glaubst du immer noch, du kannst es nicht?

Traust du dem Teil in dir, der bereits alles weiß?
Der Teil, der Zugriff hat auf die gesamte Weisheit des
unendlichen Universums?

Hältst du es für verrückt, dass dieser Teil existieren
könnte? Oder ist alles möglich?

Im feinen Licht des
morgendlichen Neu geht
mein Herz auf Wanderschaft.
Durchquert die Wüste der
Formlosigkeit - hindurch - bis
zum Reigen des ewigen Ist.

Mit schneidender Genauigkeit
wählen wir die Schritte hinein
in einen Tanz aus tausend
und einem wach geträumten
Moment.

Mein Herz und ich.

Im Finden deiner **Einzigartigkeit**
gibt es manchmal Irrwege.

Du glaubst, du musst sein, wie die anderen
oder es ihnen in irgendeiner Form gleich tun.

Du probierst, dich einzufügen in ein System
und zu befolgen, was zu befolgen ist.

Du presst dich in Formen und
zwängst dich in Jacken.

Dabei vergisst du dich.
Du vergisst dein Du.

Deine Einzigartigkeit zu leben
ist gar nicht so abwegig.

Du tust es bereits.
Durch dich.
Du bist.

Wenn dir die Stille verloren geht
und du glaubst, keine Ruhe zu finden.
Wenn der Raum um dich schwindet und
es um dich herum zu eng erscheint.

Wenn kein Platz ist da draußen,
um den Geist zu klären, zu kühlen,
ihn wandern zu lassen.

Dann lass dich fliegen.

In deiner Welt ist unendlich viel Raum.
In deinem Geist ist die Freiheit zu Hause.
In deinem Herzen ist Stille die Meisterin des Lichtes
und nichts, rein gar nichts,
bringt sie aus dem Tritt.

Verwunderung
stammt von Wunder.

Verwundert
bist du.

Durch und durch.
Du bist das Wunder.

Völlig verwundert von
dir selbst.

Durch dich gewandert.
Verwunderst du dich.
Einmal mehr.

Durch und durch.

Sieh hin. Fühl dich hindurch.
In die Freiheit.

Alles in dir, was du nicht fühlen willst, wird stärker.
All die unaufgeräumten Ecken, in die du so ungern blickst,
werden lauter. Alles, was du versteckst, wird mehr und
mehr zum Vorschein kommen.

In den tiefen Kellern deines Seins hast du verstaut, was du
nicht zu fühlen im Stande warst. Dort hast du gebunkert,
was du nicht mehr sehen konntest. Du hast es stumm
gestellt, um deine Ohren zu schützen.

Es ist Zeit.
Sieh hin. Fühl dich hindurch.
Fühle es in die Freiheit.

Die Leere. Die Traurigkeit. Die Unzufriedenheit.
Die Verzweiflung.
Den Schmerz.

Und all die anderen Schwestern und Brüder deines
Herzens. Lass dich bewegen. Lass sie los.
Lass alles los.

Und der Fluss kommt zurück.
Jetzt.

In der frischen Dufthülle des Regens wirkt
der neue Tag wie eine reine Aneinanderreihung
liebevoller Klänge.

Ein Ton streichelt den Nächsten durch die zarte
Hülle seiner Melodie. Jene, die voller Versprechen ist.
Herzgeschwängert und tiefenrein.

Leise wandern Pflänzchen durch die Oberfläche der
Erde. Strahlen bereits im ersten Atemzug ihre Schönheit
durch das Land.

Der vorsichtige Versuch der Sonne wirkt wie durch ein
gläsernes Gewand.

In der Nacht hat das Feuer sich neue Wege gebahnt.
Der Regen ist erwacht, denn er hat es geahnt.

So tanzen **die Elemente in perfekter Balance.**
Staunend bewundere ich ihre Eleganz.

Du glaubst, du musst irgendeiner Erwartung entsprechen.
Du musst hinein wachsen in deine Verantwortung. Du musst
deine innere Haltung überdenken oder du solltest genügen.
Den Bildern und Ideen der anderen.

Hör damit auf.
Hör jetzt damit auf.
Du zerstörst dich selbst.
Du verlangst etwas von dir, das du nicht im Stande bist zu
leisten. Aus dem einfachen Grund, weil du es nicht leisten
musst. Du musst gar nichts.

Du lebst.
Du bist genug.
Du bist richtig, wie du bist.
Du tust, was dir entspricht.

Nichts an dir muss so sein, wie das andere erwarten.
Nichts an dir muss modifiziert werden. Nichts an dir ist
ungenügend oder weniger wert als das andere. Nichts musst
du entwickeln. Langsam und mit der Zeit.

Liebe dich.
Aus vollem Herzen.
Liebe deine Gesamtheit.
Deinen Facettenreichtum.
Dein NichtSoSeinWieAndere.

Liebe dich durch dich hindurch und wieder zurück.
Liebe dich vollständig. **Liebe dich nach Hause.**
Es ist Zeit.

Time to come home.

Wenn die **Veränderung** nach dir ruft, hörst du sie?
Hörst du ihren Liedern zu? Bist du gebannt von ihren
Klängen? Den leisen Versprechen zwischen den Zeilen?

Wenn es dann Zeit ist, ihr zu folgen, gib dich hin.
Falle in sie hinein ohne Rücklagen. Verlasse den Raum, den
du bewohntest und begib dich ganz auf die Reise.

Spüre den Zeitpunkt. Lass alles gehen, was dich hindert.
Lass los, was dich hält. Folge der Stimme, die dich führt.
Ich bin ganz da.

Wenn die Veränderung dich ruft, bleibt nichts wie es war.
Und Widerstand ist zwecklos.
Veränderung geschieht.
Jahr um Jahr.
Tag für Tag.

In jedem Moment.

Selbst wenn du dir stetig erzählst,
dass alles so bleibt, wie es ist.

Die Stille wartet.

In jedem einzelnen Moment
singt sie das Lied der ewigen
Geschichte.

In jedem einzelnen Moment
verknüpft sie jene zu einem Stück.
Ein ewig dauerndes
Jetzt.

Geh Schritt um Schritt.
Blicke zurück und um dich.

Erkennst du in ihr das Wesen
des immer währenden Seins?

Lass deine Augen weich werden.
Finde im Dunkel zu dir.

Lass kommen, was möchte.
Empfange, was ist.
Gib dir ein Ja.

Die Stille wartet.

All das, was du nicht fühlen willst, alles das, vor dem du dich fürchtest, dem du vermeidest zu begegnen, wird zu dir kommen. Es wird dich abholen.

Je mehr du versuchst, deine Augen davon abzuwenden, je mehr du versuchst, dein Herz zu verschließen oder deinen Fokus abzulenken, desto lauter wird es sich zeigen. Desto massiver wird es werden.

Ich weiß, du hast Angst. Ich glaube an dich. Ich bin da und ich halte dich. Ich nicke dir zu, wenn du zweifelst, erwidere deinen suchenden Blick. Ich bin da. Ich glaube an dich.

Ich lass dich nicht fallen.
Damit du dich fallen lassen kannst.

Und wenn du fällst, hinein in die Dunkelheit, und du glaubst, jetzt ist alles vorbei und zu spät und verloren, dann sei dir bewusst, das ist erst der Anfang. Der Beginn von etwas ganz anderem.

Du sinkst hindurch. Ganz ohne Widerstand.
Hinein in dein neues Du.

Mögest du Frieden finden
in allem, was ist.

Möge dein Denken still werden und du dich
lösen von allen Identifikationen mit Gedanken.

Mögest du finden, was du suchst, im bloßen
DaSein.

Möge ein zartes Lächeln jene tiefe
Zufriedenheit in dein Gesicht zeichnen und
du strahlend durch den Tag wandern. Denn
von dort gelingt jedes Streben mühelos.

Jedes Ziel folgt dir von selbst. Du bist die
verkörperte Anziehung für das für dich
bestimmte. Du bist frei zu erlangen,
ohne daran zu ziehen.

Von dort gelingt jedes Streben mühelos.

Mögest du Frieden finden in allem,
was ist.

In der Tiefe deiner Achterbahn umkreist du dich selbst.
Du umfährst dein Zentrum. Drehst deine Spirale immer weiter
von dir weg. Oder zu dir?

Es rattern und rattern dieselben Gedanken, die immer gleichen,
lediglich neu aufgelegten Phrasen durch dein Hirn. Zermartern
dir die Windungen. Du beginnst zu zerbröseln in der ewigen
Wiederholung.

Kaum hast du erkannt, verzweifelst du an dir selbst.
Weil deine Erwartungen deine Kapazitäten sprengen.
Du gibst auf.

Gib auf, geliebtes Wesen.
Gib ab, was du nicht brauchst. Lass fallen, was dich hält.
Gib auf.

Deine Aufgabe findet sich in der Hingabe.
Du entsteigst dem ewigen Gedankenzug. Du bremst
die immer gleiche Bahn, änderst die Richtung und
begegnest dem weiten Horizont in dir.

Und draußen schneit es **Kirschblüten**.

Wie wäre es, wenn du heute, an einem so liebevollen
Tag wie diesem, ebenso liebevoll zu dir wärst?

Wie wäre es, wenn du gut zu dir und allem in dir
gewogen wärst? Wie wäre es, wenn du heute freundlich
beginnst? Dir selbst im Spiegel zulächelst, deine eigene
Schönheit erkennst und zwar vollkommen?

Wie wäre es, wenn du jetzt, genau jetzt, den zarten
Versuch in dir entdeckst und ihn auf der Stelle
umwandelst in absolute Realität?
Dein Herz nach außen stülpend?

Frei.

Wie wäre es, wenn du dich heute öffnest für das pralle,
blanke, erfüllende Leben, das dich durchdringt bis in die
letzte Faser deiner Zelle?

Atemzug für Atemzug.

Mit jeder Welle spült dich überschäumende Lebensfreude.
Sie zeichnet dir das Lächeln ins Gesicht.

Das Glitzern in deinen Augen wird niemals schwinden.
Das Strahlen deines Innersten wird nie vergehen.

Es ist Frühling.

Wenn sich Mond und Sonne
am Himmel treffen
Wenn sich der Glanz der Nacht und
des neuen Tages vermischen
An der Grenze zwischen dem Hier und
dem Dort
Wenn du nicht weißt ob du schläfst
oder träumst
Und sich langsam dein Zustand verwandelt
Du dämmerst hinein ins zarte Rot des
Morgenlichtes
Dann spürst du
Du bist zwischen den Welten gelandet
Bewegst dich im Inneren
Bist Teil des Gedichtes
Das die Welt zu jeder Zeit neu schreibt
Du wandelst auf zwei Beinen
Eines hier eines dort
Man könnte fast meinen
Es trägt dich hinfort
Tut es nicht.

Du kommst an.

Liebe Mama, ich glaube dir.
Was du siehst, erzählst du mir.

Meine Wahrnehmung ist fein.
Es könnte nicht viel besser sein.
Was ich weiß, hab ich von dir.
Das formt mich und es gibt bis heute mir
Sicherheit, Geborgenheit und manchmal Raum,
mich zu finden in dem Traum
aus Freude und Lebendigkeit.

Ich dehne mich aus,
probier mich aus, geh aus mir raus
und wachse über dich hinaus.
Das war der Plan
von Anfang an.

Liebe Mama, glaubst du mir?
Was ich seh, erzähl ich dir.

Es sprengt den Horizont, den du mir zeigtest
und lässt es zu, dass du dich weitest.

Du wächst an mir, mit mir, durch mich.
Ich danke dir und sehe dich.

Ein Zauber steckt in jedem Anfang.

Der **Neubeginn** ist das, wovor du dich am meisten
fürchtest. Es macht den Bauch dir mulmig und verwirrt dir
die Gedanken.

Sei wachsam, sagt dir dein System. Und doch bleib im
Vertrauen, weiß das Herz.
Oh ja.

Denn das Geschenk, das dort verborgen liegt,
wird sichtbar nur, wenn du ihn gehst. Den Weg ins
Unbekannte.

Was du erkennst, das wirst du finden. Ohne Zweifel. Voll
Neugier, Freude, Staunen wirst du das Neue binden. Hinein
in das Gewebe deines Lebens.

Hab keine Angst, mein Herz. Bleib wachsam, doch versteck
dich nicht. Geh vorsichtig, wenn es dir hilft. Doch geh.

Den nächsten Schritt.

Nun los, mein Herz, bis bald, in frischer, neuer Pracht!

Gefährlich nahe kommt dir dein Gefühl.
Gefährlich tief folgt es dir hinein
in die Höhle deines Löwen.

Der Schlund der Wahrheit saugt dich auf,
verschluckt, was du längst abgekauft
und fest in dir verankert hattest.

Doch dieses Mal wird es
ganz anders als irgendwann zuvor.
Denn dieses Mal da bist du wacher,
heller, offener im Ohr und außerdem
lässt du dir gar nichts mehr erzählen.

Das ist zumindest, was du denkst.
Vergisst dabei, dass du dieses Gefühl nicht lenkst.
Viel eher lenkt es dich.

Und deshalb, Liebste, ist es an der Zeit, zu fallen.
Mach dich weit. Halte nicht fest an jenem,
was du glaubst zu kennen.

Atme hinein in alles, was da kommt.
Spür es alles, ganz, mit jeder Faser
deines dir geschenkten Körpers.

Atme hinein.
Sinke tief hinab.
Steig wieder auf.

Und dann nochmal von vorne.

und wenn die Liebe neu erwacht
still und leiser als gedacht
dann öffnet sie in dir
des Frühlings bunte Tür

dein Streben nach dem nächsten Satz
versiegt, stattdessen zeiget sich der Schatz
der dir so lang verborgen lag
er versüßt dir deinen Tag

zwölf Zeilen später
erfindest du Wörter
die dein Gehirn auf neue
Gedanken bringen

nur ein Impuls und dein Geist
beginnt zu singen ...

Erinnere dich, an das, was du wirklich willst.
Erinnere dich, an das, was dich zieht.

Erinnere dich, wohin deine Energie möchte.
Erinnere dich an deinen Kern.

An das, worum sich dein Leben dreht.

Dann öffne deinen Geist und befreie deine Gedanken.
Denn sie sind es, die sich nicht im Kreis drehen sollten.

Lass sie durch dich rauschen und glaube nicht alles,
was du dir so erzählst.

Stattdessen erinnere dich.
Erinnerung findet auf einer anderen Ebene statt.
Tiefer. Weiter. Inniger.

Nicht im Kopf.

Beende das Spiegeln.

Die immer gleiche
Wiederholung des Anderen in dir.
Das ewig selbe Spiel.

Die Wiederholung
der Wiederholung
der Wiederholung.

Du bist ich und ich bin du.
Ja.

Und dennoch. Trete hindurch.
Durchschreite den Spiegel, hinein,
in eine neue Welt. Durch dich.
Durch mich. Durch uns.

Beende die Wiederholung.
Beende das Kreiseln.
Beende das Drehen um dich selbst.
Das auf der Stelle Laufen.
Punkt.

Tiefer Atemzug.

Neu.

Weiter.

In gewohnter Manier tust du, was zu tun ist.
Ohne zu fragen, ohne zu zweifeln. Nicht eine Sekunde
überlegst du, ob es das Richtige ist.

Erst als du beginnst zu denken, erst als du hinterfragst,
beginnt es, ungemütlich zu werden.

Erst als du fragst, ob das, was du tust auch das ist,
was du wirklich willst, beginnt es, sich in dir zu wehren.

Das, Geliebte, ist kein Wunder.
Das ist ein natürliches Phänomen. Es ist was passiert, wenn
du beginnst, zu fragen.

Ist die Lösung, keine Fragen zu stellen?
Ist die Lösung, nicht zu fragen?
Nein.

Beobachte. Und erkenne. Mit einem staunenden Aha!
nimm wahr, was geschieht.

Hör nicht auf, zu fragen. Und hör um Himmels
Willen nicht auf, zu tun. Vielleicht schalte ein, zwei
Gänge runter, wenn du das Gefühl hast, du läufst dir davon.
Vielleicht lauere nicht zu sehr auf die Antworten, wenn du
das Gefühl hast, du wirst recht eng in dir.
Lass wieder los. Lass alles durch.

Lausche deinem Bauch. Schnurrt das Kätzchen?
Dann bist du richtig.

Und plötzlich formt sich die Vision wie von selbst.
Ganz von alleine entsteht in dir ein Bild.
Ein Wegweiser. Eine Idee.
Sie holt dich ab.

Lässt du es zu?

Oder verwehrst du der Vision den Zutritt?
Gibst du ihr keine Möglichkeit, sich zu manifestieren? Gibst
du ihr keine Möglichkeit, sich zu verwandeln? Greifbar zu
werden? Und erlebbar? Durch den Körper?

Mach dich bereit für die Geburt, Geliebte.
Mach dich bereit für dein neues Leben.
Es beginnt jetzt.
Und Jetzt.
Jetzt.

Jeder Moment ist ein neuer Anfang.
Jeder Atemzug der Beginn einer neuen Zeit.
Jeder Augenblick die Möglichkeit alles zu sein.

Setz dich auf Null.

Leer.
Frei.
Jetzt.
Und jetzt.
Und wieder jetzt.

Des Morgens still verheißungsvoller Zauber
lockt dich aus dem Bett. Noch fällt es schwer,
doch der Tag scheint nett herein durch deine Fenster.

Du schälst dich aus dem Schlaf.

So wagst du einen Schritt hinein in einen neuen Pool
aus Möglichkeiten. Der Tag kann sein, was er möchte,
wenn du ihn nur lässt.

Ein Atemzug, dann zwei,
frisch atmen sich die Lungen frei
und kühlen ihre Netze.

Dein Ohr streift fröhlich des Vogels kehlenvolle Stimme,
entzaubert dir ein Wohlgefühl, das streichelt deine Sinne.

Lächelnd begrüßt du Sonne, Mond und Blütenmeer
vor deiner Tür.

Ein Seufzen fährt dir durch dein Körpersein,
lässt schaudern deine Haut.
Du streckst und dehnst.
Du räkelst klein bis große Glieder.

Wie schön es ist, den Tag neu zu beginnen!

Ohne Streben, ohne Zwang, tun aus dem Selbst heraus.
Frei von Ziel und Drang, denn es gibt nichts zu gewinnen!

Die Gedanken stehen Schlange.
Doch kriegst du sie mal wieder nicht sortiert.
In Reih und Glied, wär gut, würden sie stehen.
Chaos ist das, was sie regiert.

Ein Durcheinander nach dem andern
durchstreift den müden Rest deines Verstandes.
Schlafen, schlafen, schlafen, hallt es in deinem Kopf.
Ein Königreich für Zeit in einem Traum.

Die Gedanken stehen Schlange.
Sie wollen aufgeschrieben sein, sofort!
Doch schneller als du reagieren kannst,
sind sie alle wieder fort.

Chaos ist das, was deinen Geist regiert.
Dein Hirn ein Matsch gefülltes Etwas.
Die Kraft, sie reicht gerade noch,
um Zettel, Stift und Couch zu finden.

Du lässt dich nieder.

Wartest ab.
Lässt alles von dir,
alle Spannung los.

Und während du beginnst zu schreiben,
schlummerst du langsam selig ein.

Im Traume wanderst du längst schon durch die Zeiten.
Du kehrst erfüllt und glücklich heim.

Alles, was ich schreibe, ist **Gedankenentgiftung**.
Alles, was ich schreibe, führt zu Klärung meiner
Gedanken.

Alles, was ich schreibe, dient dazu, eingespurte Bahnen
in meinem Kopf zu verlassen.

Alles, was ich schreibe, öffnet neue Räume.
Alles, was ich schreibe, verändert meine Träume.
Alles, was ich schreibe, sind nicht immer Reime.
Aber oft.

Alles, was ich schreibe, lädt dich ein mir zu folgen.
Alles, was ich schreibe, öffnet dir eine Tür.

Alles, was ich schreibe, führt durch dich wieder zu dir.
Bedingungslos und inniglich.

Alles, was ich schreibe, ist Hingabe in Worten.
Alles, was ich schreibe, bahnt den Weg zu unbekannten Orten.

Alles, was ich schreibe, wächst aus mir heraus.
Und über uns hinweg.

Aus meiner Essenz trifft es deine Essenz.
Oder zieht belanglos an dir vorüber.

Liebe bleibt nur ein Wort, solange du es nicht fühlst.
Doch wie das geht, ist ein Geheimnis.

Zufriedenheit ist die Essenz meines Daseins.

Ich liebe. Alles, was ist. So, wie es ist. Denn nur mit
diesem offenen Herzen kann ich in der Welt sein. So fühle
ich mich wohl. Mich hindurch zu lieben durch
das, was ist. Ich liebe.

Zufriedenheit ist der Urgrund meiner Existenz.
Wenn ich unzufrieden werde und etwas anderes will,
ein anderes Leben, anderes Umfeld, mich als Opfer fühle
dann deshalb weil ...

... ich entweder etwas abgekauft habe, dort draußen,
von dem ich glaube, dass es das ist, was ich will

... oder mein innerer Streit mal wieder auf Hochtouren läuft
und mir alles madig macht, was mir in den Weg kommt.

Es könnte aber auch sein, dass ich ganz genau weiß, was ich
will, also im Grunde, ganz tief unten vergraben, aber glaube,
dass das zu wenig ist. Oder nicht gut genug. Man muss doch
nach Höherem streben.

Was wäre, wenn Streben kein Muss wäre?

Was wäre, wenn wir genießen lernen würden?

Pure Zufriedenheit.

In stiller Freude lausche ich dem Wind.
Seine Sehnsucht trägt mich weit. Weit hinaus
auf die Wogen der Wipfel der Bäume.

Lenke mich ab vom Schmerz meiner Eitelkeit.
Lass mich vergessen, was ich will, wonach es mich
drängt. Lenke mich auf den rechten Pfad, so dass ich
ertrinken möge im immer gleichen Trott.
Lass mich vergessen, wofür ich kam.

Ist das das Ziel dieses Trauerspiels? Ist das der Grund,
warum wir ewig und ewig versuchen, uns anzupassen,
irgendwo Fuß zu fassen, uns verbiegen lassen?

Die Angst vor der Eitelkeit?
Die Angst, nun doch dort entlang zu gehen?
Den Weg, der für uns bestimmt war?

Fragen über Fragen, die durch meine Gedankenwälder
ziehen. Sehnsuchtsvoll nach Antworten suchend.
Sie lassen sich nieder. Dann gehen sie wieder.

Ich lausche den Liedern der ewig Singenden und lege
mich nieder, um zu vergessen.

Ich vergesse, woher ich kam und warum.
Ich vergesse, was mir bestimmt und wozu.
Ich vergesse, wohin ich gehe und wie lange.

Ich vergesse.
Ich atme aus.
Alles neu.

Im Licht deines Herzens beginne ich zu strahlen.
Ich tauche hinein. Bin umsorgt, behütet, geschützt und
gestärkt. Werde neu geboren.

Im Licht deiner Liebe erwacht die meine zur Blüte.
Gibt dir neuen Raum. Erschafft einen Traum, den man
Wirklichkeit nennt. Gebiert und gebiert und gebiert.

Im Strahlen meiner vollkommenen Hingabe an das,
was du bist, erzeugt sich wie von selbst ein neuer Pfad. Bisher
unbekannt. Unerkannt.

In der Nähe deines Zaubers möchte, was sich bisher
versteckt, leise entdeckt sein. Freudvoll macht es sich breit.
Spült jede Zelle meines Seins. Zu purer Innigkeit.

Dass du mich weckst, ist das Geschenk des Jahrhunderts!
Dass du es bist in Gestalt eines Wunders!
Eingeladen. Willkommen.

Dass du mich erwartest, ist unfassbar für mich.

Du und ich.

Fliege durch die Nacht.
Hab gedacht, dass das geht.
Einfach so.

Bleib hängen irgendwo.

Im Finden der Nähe zu dir ergeht es mir, wie gewohnt.
Ich weiß, dass es sich lohnt.
Der Traum dehnt sich.
Erzeugt etwas, das ungewohnt scheint.

Ich beende den Versuch einer Deutung und genieße.
Einfach so.

Bleib hängen irgendwo.

Spiele wieder und wieder und wieder den selben Song.
Das altbekannte Lied. Erst bei genauerer Betrachtung
entdecke ich die vielen Facetten. Die unzähligen Feinheiten
und Details, die ihn mir jedes Mal wieder interessant
machen. Jedes Mal neu. Jedes Mal finde ich etwas, das ich
vorher noch nicht entdeckt hatte.

Bleib hängen irgendwo.
Fliegend.

Hab gedacht, dass das geht.
Einfach so.

Wenn deine Nähe mich umfängt
Dein Strahlen in mir und durch mich drängt
Wenn deine Leuchtkraft mich berührt
Und du meine Antwort spürst
Dann werden wir zu einem Wesen

Verbinden uns
Verknüpfen uns
Ohne großen Aufwand
Einfach einfach.

Wenn deine Leichtigkeit in mir erklingt
Dein Lied durch meine Lippen singt
Wenn deine Zartheit mich durchdringt
Und du mit mir die Erde schwingst
Dann waren wir mal zwei gewesen

Verhalten uns
Wir halten uns
Nicht mehr zurück.
Ab hier ist Glück.

Wenn meine Freude in dir Ausdruck findet
Meine Angst vor mir durch dich verschwindet
Wenn meine Wonne in dir losgelöst
Das ewig Sein was in dir döst erlöst
Und endlich Bahn sich bricht

Dann warst du einst du
Und ich einst ich

Doch **ohne dich,** da hätte ich
mich nicht erkannt.

Sinnbefreite Heiterkeit
Losgelassen

Durch das Tor der ew'gen Sorge
Um das Heil der Liebenden
Formen sich Gedanken zu Ideen
Brüten beharrlich aus
Was schlüpfen will
Aus dem Inneren
Gequollen
War die tief gefühlte Freude
Zerstreute alle festgelegten Wege
Trat die frischen Pfade aus
Beschenkte uns mit Hoffnung
Für diesen, unseren Moment
Eines Tages Nähe tief
Gefühlt
Warst du in mir entstanden
Bist Hoffnung, Freude, Heil
Und Muse mir zu jeder Tageszeit
Aus deinen Augen blickt zu mir
Ein Stückchen Ewigkeit

Der verrückte Teil hat sich lange versteckt.
Dachte, er sei nicht von dieser Welt.
Er hatte Recht.
Dennoch, kein Grund sich zu verstecken,
aus Angst jemand könnte ihn entdecken,
erkennen und ausschließen.
Ich sperrte ihn aus - oder ein?

Über Tage, nein, Wochen war er allein,
hat geweint und gewimmert,
bis ich ihn nicht mehr hören konnte.
Dann wurde er stumm und ich dumpf.
Tief in mir starb etwas ab.

In Trauer vergraben und
stuck in the mud of my dark depth
bekam ich kaum Luft, war allein.
Doch weinen konnte ich nicht.
Mir war nicht danach.
Ich war leer.

Ich habe erkannt, dass er Raum braucht
und ich ...
dass er gehört und gesehen werden muss
und ich ...
dass er nicht erdrückt werden darf
und ich ...
schuf einen Raum für ihn.
Dort ist er sicher, dort darf er sein.
Niemand, der lacht oder macht, dass er weint.
Niemand, der ihn mehr versteckt oder ihn verbiegt.
Er fühlt sich gesehen, gehört und geliebt.

Der verrückte Teil hat sich lange versteckt.
Ich hab ihn geweckt.

Für gewöhnlich liegst du jetzt nicht richtig.
Für gewöhnlich ist, was du erzählst, kaum wichtig.
Für gewöhnlich wählst du, was dir nichtig,
dafür allen anderen fruchtbar scheint.

Du gibst dem mehr Gewicht,
mehr Wahrheit und Bedeutung,
was andere dir erzählen.
Du gibst am meisten deiner Energie
in das, was von dir verlangt,
bist ausgelaugt.
Wundert dich das?

Willst du so weiter existieren?
Willst du dich weiter so verlieren?
Willst du wirklich nicht kapieren,
dass dieses Leben wertvoll ist?

Dass es von aller größter Wichtigkeit,
dich wohlzufühlen
und nicht den Wünschen zu genügen,
die die der anderen sind?

Kannst du dir in die Augen sehen und unverstellt
aus deiner stillen Tiefe ehrlich zu dir selber sagen:
Ja, ich mag dich, wie du bist.
Bin glücklich, ich zu sein.

Fang heute an zu lieben!
Dich selbst und dein dir geschenktes Leben.
Vielleicht folgt magisch dann der Rest ...

Wenn der Schmerz dich spült
Dich zutiefst erfüllt
Und du weißt
Dieser Waschgang ist erschütternd
und erneuernd zugleich
Gib dich hin

Gib nicht auf
Halt nicht mehr fest
Was du weißt
Lass es durch
Atme

Wenn dein Blick sich trübt
Dich Nebel umgibt
Und du siehst
Weder Hand noch Fuß
vor deinem eigenen Auge

Fühlst dich blind und verloren
Warte hindurch

Gib dir selbst deine Hand
Du wirst einmal mehr ganz neu geboren
Es gibt so viel was du nicht bist
Niemals warst und auch nicht wirst
All das bricht und verwandelt sich

Was bleibt bist du

Verwirrung beschreibt den Zustand ganz gut, den ich fühle. Verirrung beschreibt die Wege, die ich ging. Ich lehne mich weit aus dem Fenster des fahrenden Zuges und verliere den Kopf. Mein Herz hüpft mir aus dem Hals. Ich bin leer.

Nichts ist mehr, wie es war, wenig, wie ich es möchte und kaum etwas, wie es sein soll. Wann endet dieser Zustand zwischen den Stühlen?

Ich reiße mir ganz ehrlich und wortwörtlich den Arsch auf. Entzweie mich, weil ich nicht weiß, wohin und mich einfach nicht entscheiden kann.

Ich liebe was ist, akzeptiere was war und höre auf, nach noch mehr zu fragen. Zumindest bemühe ich mich. Ich tue, als ob und weiß gar nicht, wann ich das letzte Mal richtig glücklich gewesen bin. Ich hab es vergessen.

Ich erinnere mich.
An den Funken, von dem alle reden. Ich auch.
An den Raum, in dem alles leicht ist. Ich weiß.
An das Bewusstsein, das beobachtet und sich nicht identifiziert. Vielleicht.

Und ich weiß, dass es jetzt nur diese Dunkelheit gibt. Dass nur dieses tiefe Hineintauchen siegt, die Hingabe, über all den Schmerz. Dass nichts, aber auch gar nichts, dem widerstehen kann.

Ich bin in mir.

Es gibt so Tage, da mach ich mir so meine Gedanken. Eigentlich fast jeden Tag. Vielleicht auch ohne eigentlich und ohne fast.

Die Gedanken formen etwas. Vielleicht forme ich auch sie. Sie formen sich. In mir. Und dann entsteht etwas. Das kann etwas sehr Schönes sein. Vielleicht ein Gedicht. Vielleicht ein Text. Vielleicht ein Bild aus Worten. Oder auch nicht.

Ich setze mich auf meinen Platz und es beginnt. Ich muss nicht lange fragen. Ich muss nur warten. Sein. Mich öffnen. Manchmal noch nicht mal das. Ich bin offen auf eine bestimmte Art und Weise. Schöpfen macht mich glücklich, gibt mir Sinn.

Wenn ich diesem Prozess, diesem Bedürfnis aus meinem Inneren keinen Raum gebe, dann wird es destruktiv. Es kehrt sich um. Wendet sich gegen mich.
Der Engel wird zum Dämon im Augenblick eines Flügelschlags. Der Segen verwandelt sich in einen Fluch.

Die Gedanken wühlen mich auf, zerfressen mich. Sind zerstörerisch, verhöhnen mich, machen mich nieder. Sie nehmen mir die Luft.

Das will ich nicht. Gefällt mir nicht. Das mag ich nicht. Also kreiere ich. Was bleibt mir anderes übrig?

So bleibt der Segen ein Segen und ich ein Engel in menschlicher Gestalt.

Every day is a gift
Nimm ihn in dein Herz, schmelze ihn und liebe ihn durch
dich hindurch.

Every day is a gift
Sei achtsam mit jedem Moment, mit jedem Gedanken,
denn jeder von ihnen formt deinen Tag.

Every day is a gift
Kümmere dich um dich und dein inneres Licht, so dass es
dir den Tag erhellt.

Every day is a gift
Und verschlingt dich auch manchmal die Langeweile, die
Eintönigkeit des immer gleichen Ablaufs, so kannst du
Abwechslung finden. Kreiere dir von dort etwas Neues.

Every day is a gift
Sei sorgsam mit deinen Wünschen, wähle weise, nicht zu
bescheiden und nähre deine Gaben.

Every day is a gift
Möge dir das Leben zu jeder Zeit zu Füßen liegen und du in
prächtiger Hingabe dasselbe für es empfinden.

Jeder Tag beginnt in dir.

Poesie, **Poesie**, mein Liebchen, rettet die Welt!

Aus dem einfachen Grund,
weil sie in Frage stellt, was ihr festgelegt.
Zum Beispiel

Dass Wörter in Reih und Glied gesetzt.
Dass Hass der Menschen Herzen zerfetzt.
Dass Liebe nur auf eine bestimmte Art gilt.
Dass der, der am lautesten brüllt,
dann auch Recht bekommt.

Poesie, Poesie, mein Liebchen, gibt neuen Sinn!

Sie umschreibt, sie umschwebt, sie umgarnt,
sie umarmt, sie ist zart, sie ist laut, sie ist klar, sie ist hart.
Sie tut, was du willst.
Sie ist, was du schon so lange bist.
Sie zeigt dich dir und der Welten Gesicht.
Sie verändert den Blick auf die Dinge,
zwar nicht die Dinge selbst, aber dich.

Deine Sinne macht sie weich.
Die Gedanken zerstreuen.
Dein Herz füllt sich reich.
Du wirst nichts bereuen.

Denn du bist zurück und zwar mittendrin.
Mit jedem Reim wächst in dir mehr Sinn.
Hast dich endlich hinein ins Strahlen gestellt!

Poesie, Poesie, mein Liebchen, rettet die Welt!

Kunst zeigt zum Konsumenten.
Nicht zum Künstler.
Kunst bewegt etwas in dir.
Kunst ist nur zu einem Bruchteil Offenbarung
des Erschaffenden.

Kunst ist der Spiegel deines Selbst.
Was du verstehst, verstehst nur du.
Hat nichts mit mir zu tun.

Was ich erschaffe, überrascht mich selbst.
Ich staune jedes Mal aufs Neue.

Was du siehst, das siehst nur du.
Jeder andere erkennt, wenn überhaupt, nur
etwas Ähnliches. Niemals das Selbe.

Kunst lässt dich dich erkennen.
Was du wählst, wird sich in dir entdecken.
Kunst ist ein Spiegel dieser Welt.
Und aller anderen auch.

Regen strömt durch mein Gesicht.
Oder sind es Tränen?
Ich sollte das **Leben lieben**.
Tue ich aber nicht.
Ich liebe nichts momentan.
Nur das hier, wenn es erlaubt.
Ihr bekommt nichts von mir.
Auch nicht, wenn ihr es mir klaut.
Ich gebe nicht preis, was mich wirklich bewegt,
was mich tief drin belebt, bleibt nur mir bestimmt.
Wird es doch nur mäßig verstanden.
Geht niemanden an, ist nur in mir vorhanden.
Was ich zeige ist das, was sich durch mich schöpft.
Sonst nichts.
Und das ist alles.
Alles, was durch mich ist.
Das verschenkt sich an dich.
Ob du es nimmst oder nicht, bleibt dir überlassen.
Doch das Lieben des Lebens macht sich
daran nicht fest.

Angst muss in uns enden.
Nichts im Außen wird dir je die Angst nehmen.
Nichts da draußen wird für dich entscheiden
oder deinen Weg dir gehen.
Nichts wird beenden deines Kopfes Zwiegespräch.
Nichts wird in dir halten, was zu tun ist,
von dem du glaubst, du darfst es nicht.
Niemand wird dich retten. Das kannst nur du allein.
Dein Handeln wird dir vorbehalten sein.
Niemand tut für dich was deines ist.
Angst muss in dir enden. Jetzt.
Sonst endet dieses Schauspiel nie.
Der Kampf, der in dir brennt, wird ewig währen.
Er wird sich ewiglich an jener Angst ernähren.
Beide zerfressen dich.
Sie lassen Stück für Stück nichts übrig.
Verliere dich darin.
Oder sieh dich selbst, wie du da stehst.
Gebeugten Hauptes durch das Leben gehst.
Zurückgezogen in dir überlebst.
Ohne Kontakt und ohne Herz.
Leblos. Gelähmt. Tot.

Angst, mein Herz, muss in dir enden.
Das Leben lebt sich sonst an dir vorbei.

Im Mantel der Eitelkeit suhlen sie sich in ihrem eigenen Licht.
Erlaubt ist alles, was keine Schatten wirft.
Den Mantel des Schweigens hüllen sie über sich.
Und formen eine neue Welt.
Wie sieht sie aus? Wie soll sie sein? Wie möchtest du leben?
Gestaltest du mit, formst was ist dein?
Was hast du zu geben? Oder ist es dir gleich?
Du glaubst, du bist machtlos.
Gibst auf und alles ab, was nicht zu dir gehört.
Ich versteh das, ich kenn das, war auch so.
Hab mich selbst beschwert.
Aber Opfer ist nicht das neue Chic.
Du bist ein Rädchen. Vielleicht nur ein ganz kleines.
Doch ohne dich funktioniert's nicht.
Sei gnädig zu dir, sei wach und verein' es.
Was dich spaltet ganz tief innen drin.
Bring dich zusammen. Hör auf zu kämpfen.
Du bist weder Opfer noch machtlos. Du weißt, was du willst.
Souverän und still, wie ein Fels im Sturm,
stehst du für die Welt und dich selbst.
Sie nimmt ihren Anfang in dir.
Gestaltest du mit und formst was ist dein?
Wie sieht die Welt aus? Wie soll sie sein?
Wie möchtest du leben? Gibt es ein Ziel?
Was möchtest du geben? Davon ganz viel?
Du bist weder Opfer noch machtlos.
Du bist ein Rädchen, ein ganz kleines vielleicht.
Aber sei dir bewusst, ohne deine Idee wird es leer.
Das Formen der Welt wird schwer, wenn du dich entziehst.
Fang heute noch an und zwar in dir selbst.

Die Welt wird werden, was du wählst.

Need a refresh?
Nimm dir einen Moment. Atme ein.
Atme aus. Ganz bewusst. Lässt du raus.
Was nicht drin bleiben will.

Need a refresh?
Halte inne. Stoppe den Turbo deiner
Gedanken. Leere. Und du wirst dich
bedanken. Bei dir selbst zu allererst.

Need a refresh?
Raus mit dir. Geh spazieren im Wald.
Du sagst, es ist kalt. Das hält dich nicht ab.
Du bist nur der König der Ausreden.

Need a refresh?
Hör auf den Herzschlag der Erde.
Geh Schritt für Schritt im Takt und werde,
was du schon immer warst.

Need a refresh?
Pause. Lass dich nieder.

Seufzend streckst du deine Glieder
weit von dir. Schlummerst selig hinfort.
Refresh yourself.

Die Zeit des Schmerzes ist vorbei,
flüstert der Wind mir leise in mein Herz.
Tosend saust er über Wald und Felder,
reinigt jede Pore von dem bittersüßen Klang
des Glücks in deinen Ohren.

Kraftvoll malt er Bilder
auf die Wand der Welten Burg
und zerschmettert mit Getöse,
woran du unbeirrt geglaubt hast.

Der Wind und ich sind Freunde seit Anbeginn der Zeit.
Er trägt hinfort die Sorgen, beendet stets
mein selbst erschaffenes Leid.
Auf ihn ist Verlass, denn auch im größten Chaos
bin ich in ihm still.
Finde leicht zu mir zurück,
auch wenn ich gar nicht will.

Schmerz schleicht sich unbemerkt davon
und all das Unbequeme, alle düsteren Geschichten
sind leer, sind aufgelöst, verlieren ihr Gewicht.
Oh Wind, was wär ich ohne dich!

Ich gebe mich ganz hin, lass meinen Geist dich tragen.
Es wird ganz ruhig in mir. Ich höre auf zu fragen.
Weit, weit und weiter wird mein Sein.
Der Blick verliert sich, hält nichts fest.

Ein Königreich voll klarer, sehender Gedanken
erfüllt sich, wenn du es nur lässt.

Als eines Morgens aus der Stille
eine **Gewissheit** dir erwacht.
Eine Geborgenheit voll Güte
dir durch deine Zellen wieder lacht.
Da weißt du tief in dir, die Zeit ist gekommen.
Du hast den Berg deiner Liebe erklommen.

Du gehst den ersten Schritt
in Richtung selbst gefundenes Glück.
Trittst vorsichtig die große Reise an,
die direkt dorthin führt,
wo du schon immer sein wolltest.
Hinein ins Herz der unendlichen Liebe.

Wie tief es dich dort hinein treibt
ins Labyrinth seiner Unendlichkeit.
Dein Blick wird weit.
Groß werden deine Augen,
sie bestaunen, kaum zu glauben
diese Schönheit weit und breit.

Erfüllt und selig fühlst du dich.
Zauber legt sich dir ins Gesicht.
Verzaubert sind die Sinne dir
und dein Sein wird größer und größer.
Du dehnst dich aus, dein Sehnen hört auf.
Bist angekommen zu Haus.

Herz erwacht

Eines Tages hat mein Herz sich in deinem entdeckt.
Es hat sich angesteckt mit deiner Sanftheit,
deinem Weitblick, deiner Güte.

Doch dann hast du mich weggestoßen.

Das dachte ich. Und war verletzt.
Verletzt wegen meiner Gedanken.
Verletzt weil ich dachte, du willst mich nicht mehr.

In Wahrheit hast du mich zu mir gebracht,
hast mir ein Geschenk gemacht.
Hast mir gezeigt, wie ich ganz vorsichtig
mich selbst lieben kann.
Hast mir meine Liebe für mich erkannt.

Im Feuer der Sehnsucht hat sich alles verbrannt,
was mir nicht mehr diente und ich konnte
dichter und dichter zu mir.

Eines Tages ist mein Herz erwacht.
Leise klopfend hat es ganz sacht begonnen, mit mir zu reden.
Und ich hab ihm zugehört.

Dann hab ich s gemacht.

Ich bin zu dir gegangen, hab dich angesehen,
gewusst, wer ich bin und warum.
Hab mich in dir erkannt und darum
danke ich dir.

Unversehrt

Ruhiger wird es in mir.
Die Wogen glätten was aufgewühlt.
An den Strand gespült.
Werd ich und
lande.

Ich öffne die Augen.

Alles ist irgendwie neu und war doch schon immer da.
Nicht anders als heute, nur ich bin verwandelt.

Ich warte für einen Moment in die Stille hinein.

Lausche den Wellen, sie streicheln den Strand.
Zärtlich berühren sie meine Haut.
Erinnern mich an etwas.
Ich blinzle.

Die Sonne blendet mir die Sinne.
Im selben Moment bin ich erkannt.
Lass mich fallen, entrinne mir selbst.
Ich glaube ich bleibe.

Für immer hier am Rand, zwischen Meer und Strand,
werd ich verweilen, mindestens für diesen ewigen Moment,
balanciere auf der Schneide.

Zwischen dem hier und dem dort, mein Lieblingsort,
nicht ganz hier auch nicht da, bin nicht an-greif-bar.
In Sicherheit.

Ich lande.
In den Wogen.
Unversehrt. Unbeschwert. Still.

Menschlein #1

Ganz oft schon hab ich mich gefragt,
ob die Welt, so wie sie war,
noch existieren kann und soll.

Vieles war doch zweifelhaft
und das Meiste nicht so toll.
Zumindest hat sich das
in unserer Haltung ausgedrückt.

Der Mensch, er geht gebückt durchs Leben.
Lässt andre über sich entscheiden,
macht sich zum Sklaven seiner selbst
oder seinem Wunsche nach Befriedigung.

Er beutet aus, sich selbst und die Natur,
aus der er stammt und zu der er kehrt zurück.
Im Grunde ist er pur, wie sie.
Das hat er einfach nur vergessen.

Zu diesem Unglück kommt hinzu,
dass des Menschen Innerstes geblendet ist.
Er glaubt, dass Glücklichsein an dicken Konten
zu bemessen ist.

So hetzt er. Jeden Tag aufs Neue.
Dem hinterher. Verteidigt sich mit Bauernschläue
vor seinem Spiegelbild. Gibt vor.
Und bemerkt nicht den Zerfall.

Was in ihm stirbt, stirbt leise,
ohne viel tammtamm.
Doch durchzieht es gänzlich alles
von der Wurzel bis zum Stamm.

Leise vergiftet Menschlein innerlich.
Zieht sich zurück, wird klein und kleiner,
wirkt wirklich säuerlich.

Aufblasen funktioniert nicht mehr.
Das Leben, es trägt ihn nicht auf Flügeln,
die Atemluft wird schwer.

Menschlein strampelt, zappelt, zuckt.
Und ihm wird klar, die Welt, so wie sie war,
sie existiert nicht mehr.

… to be continued…

Manchmal verdunkelt der Nebel das Land
Manchmal trägt er das Licht
in seinem Tempo durch die Welt
Nicht greifbar für uns

Verwirrt bleiben wir zurück

Manchmal sieht es so aus
als würde das Licht vom nichts verschlungen
Es hat ganz kurz noch um sein Dasein gerungen
Doch dann gab es auf

Es stirbt in sich selbst hinein

Manchmal scheint selbst alle Hoffnung verloren
Leere macht sich breit und Sinnlosigkeit
Nichts wird in sich selbst geboren
Dunkler und dunkler und düster die Zeit

Was bleibt ist Stille.

Und aus dem kleinsten Samen kann
Etwas großes erwachsen vielleicht
Du öffnest die Hand und aus ihr empor steigt
Deines Wunsches letzte Wahl

Dein Funke erhellt dieses Dunkle

*

Staunend heißt du ihn willkommen.

Gestalten

Im Licht des neuen Tages erscheint,
was gestern noch bunt und laut,
heute grau und leise.

Still zieht das Neue seine Kreise
sucht Farbe und Sinn
und einen Ort zum Wurzeln schlagen.

In ihm hinterlässt es Fragen,
nach dem Weg und dem Tor,
die zum Glück führen.

Und bist du ganz da,
dann kannst du es spüren.
Es ist immer da.

Ganz gleich, welcher Sturm um dich tobt
und egal welchen Aufstand es probt.
In dir drin ist es ruhig und gewahr.

Es ist immer da.
Es ist bunt und was immer du willst.
Es ist laut oder leise oder brav oder wild.

Der Tag erscheint grau doch er lässt sich gestalten.
Er lässt sich bemalen, lebendig beschallen,
mit Farben und Klängen, Gefühlen und Glück.

Seine Wurzeln führen zu dir zurück.
Stück für Stück formst du,
was zu dir gehört.

Ordnung

Ein Hürde auf dem Weg
erweist sich nach genauerer Betrachtung
als Absprung.

Und weg bist du.
Schneller als du denkst,
hast du den Rahmen gesprengt.

Den alten Rahmen der Emotionen,
die dich fluten jeden Tag.
Was bleibt, ist ein Schlag ins Gesicht.

Du wachst auf, schüttelst dich,
streckst und reckst dich, rückst dich
zurück ins richtige Licht.

Es fällt dir schwer.
Die Verwirrung wiegt schwerer als sonst.
Gefühlt.

Seufzend nimmst du den Kurs wieder auf.
Richtest dich auf, steigst die Stufen hinauf
und du springst.

Der Fall wird zum Flug.
Innerhalb eines Momentes ändert sich alles.
Schwerelos gleitest du.

Alles ist in seiner Ordnung.
Alles ist, wie es sein soll.
Alles ist gut.

Rad der Zeit

Das Rad der Zeit steht still.
In deinem Kopf kreisen Gedanken.
Wie Wolken wirbeln sie sich auf
und verschwinden.

Leer.
Du atmest.
Einfach so, sonst ist da nichts.

Und da, schon wieder!
Ein Gedankenstrom der Dich durchdringt.
Ein Lied erklingt.
Dann Stille, Ruhe, einsam erscheint,
was sonst so selbst gewählt
dich nährt und füllt.
Bist durchdrungen, eingehüllt
von losen Worten die durch deinen Geiste irren.

Du atmest.
Und wieder ist da nichts.
Seufzend lässt du dich nieder.
Sinkst in der Kissen Dankbarkeit.

Das Rad der Zeit steht ewig still.
Es hat sich nie gedreht.

Was wenn alles, was dir echt erscheint,
sich durch dich niemals erlebt?

Neue Welt

Als sich die Welt veränderte und in sich zerbrach
Blieb alles still

Der Sturm fegte über das Land
Draußen tobte das Chaos

Der Weg zurück war versperrt
Nichts war mehr wie es vorher war

Und die Menschen verstummten
für einen Moment

Sie lauschten ihrem eigenen Herzschlag
Sie warteten und ruhten

Sie erfanden ihre eigenen Lieder
Und begannen neue Geschichten zu erzählen

Mit jeder einzelnen Geschichte
formte sich ein Teil der Welt neu

Sie erstrahlte im Glanz der Hoffnung aller
Ihr Pulsieren nährte sie alle

Wunderwerk

Das Wunderwerk der Welt
hält dich heut' wach.
Du lauschst dem Regen in der Nacht.
Er zaubert dir ein Lächeln ins Gesicht.
Zart schmilzt dein Widerstand dahin.

Mit jedem Regentropfen öffnet sich
dein Sinn für mehr.
Er führt dich zauberhaft auf eine Reise,
will dich und deine Wesenheiten
durch deinen wach geträumten Traum geleiten.

Ein Märchen schreibt sich in dieser einen Nacht.
Eins mit 'nem Prinz in ebensolcher Pracht,
ein bisschen Gold, ein bisschen Glanz,
ein bisschen Glitzer und ein ganz
klein bisschen Kitsch. Das braucht es jetzt.

Das Wunderwerk der Welt hat es geschafft.
Der Regen ist verstummt.
Alle Wunder sind vollbracht für heute.
Du lächelst dir verträumt entgegen
und sinkst zufrieden in dein Kissen.

Langsam dringt Licht durch deine Fenster.
Ein neuer Tag beginnt.
Leise hörst du, wie er aus der Ferne
sein Klingen dir in deine Zellen singt.
Verheißungsvoll der Zauber seiner Stimme …

Textverzeichnis

Danke!

Danke, dass du dir die Zeit genommen hast, meine Texte auf dich wirken zu lassen. Das berührt mich sehr.

Möglicherweise konnte auch der ein oder andere Text in dir auf fruchtbaren Boden fallen, dich berühren oder tatsächlich etwas in dir verändern.

Lass die Stille wirken. Der Raum zwischen den Worten ist ebenso erfüllend, wie die Worte selbst. Alles darf seinen Platz haben. Alles darf sein.

Finde dein Ja zum Leben, dein Ja zum jeweiligen Moment. Denn nichts gibt so viel Raum, wie Zufriedenheit. Möge Frieden in dir sein.

Mögest du Frieden finden in allem, was ist.

Danke!

Die Poetin aus der Stille

FSC
www.fsc.org
MIX
Papier | Fördert
gute Waldnutzung
FSC® C083411

Zeitfracht Medien GmbH
Ferdinand-Jühlke-Straße 7
99095 Erfurt, Deutschland
produktsicherheit@kolibri360.de